Felix Hess
Das Jahrhundert des Chauvinismus

FELIX HESS

Das Jahrhundert des Chauvinismus Relativismus Genderismus (!) (?)

Eine Anfrage

2016 Felix Hess
Umschlagfoto: Wahrzeichen von Fulda (1954)
Umschlagdesign, Satz: Buch&media GmbH, München
Herstellung und Verlag: BOD – Books on Demand
ISBN978-3-7392-6517-9

Inhaltsverzeichnis

Über dieses Buch 7

Vorwort. 8

Mai- oder Kaiserfestspiele 9
Nationalversammlung 10
»Drittes Reich« 11
Atombombenbau 13
Parlamentarischer Staat 14
Koalitionen 15
Heiliges Jahr 16
Kölner Erklärung 19
Weltjugendtag Köln 24
Wurzeln 27
Gefahren 28
Grundlagen 29
Prinzipien 30
Präsenz 31
Reflexion 32
Ideologie 33
Mainstreaming 34
Forderungen 35
Zeitzeichen 36
Seins-Revolution 37
Sexualität 38
Krise 39

Ausweg	40
Gottes Lob	41
Marienweihe	42
Frieden	43
Erinnerungen	44
Schlussbemerkung	47
Literaturanmerkungen	48
Buchveröffentlichungen von Felix Hess	49
Über den Verfasser	50

Über dieses Buch

Überspanntes Nationalgefühl und der fast hastig zu nennende wirtschaftliche Aufstieg, die rapide voranschreitende Industrialisierung hatten Deutschland inzwischen zur modernsten Industriemacht der Welt werden lassen. Hand in Hand damit ging der politische Anspruch, jetzt auch den ihm gebührenden Platz unter den übrigen Großmächten einzunehmen. Eine aktive Weltpolitik und der Aufbau einer starken Flotte sollten dem deutschen Selbstbewusstsein Ausdruck verleihen. Doch dieses neue Kraftgefühl ist gefährlich, weil man auf partnerschaftliche Beziehungen verzichten zu können glaubte. Eine große Fehleinschätzung.

Die Erkenntnis infrage stellen, die Denkweise, die sich von festen Wahrheiten verabschiedet. Nun sind alle Philosophien und Religionen gleich gültig geworden. Was auf den ersten Blick wie eine erstaunliche Kehrtwendung erscheint, entlarvt sich beim näheren Hinschauen als ein neues Kapitel zur Zerstörung des christlichen Weltbildes. Vom »gleich gültig« zur Gleichgültigkeit ist es nur ein kleiner Schritt. Die Entwertung der Werte geht immer weiter voran.

Gleichwertige geschlechtliche Orientierung. Diese Ideologie zielt auf eine Negierung des biologischen Geschlechts von Mann und Frau. Sie gibt sich den Anstrich von Wissenschaftlichkeit. Allein in Deutschland werden für diese Forschung mehr als 170 Professuren eingerichtet. In Wirklichkeit geht es diesem Menschenbild um eine Gleichstellung von Menschen mit heterosexueller, schwuler, lesbischer, bisexueller und transsexueller Orientierung.

Wie können die Grundlagen menschlichen Zusammenlebens verbessert werden? Das Buch versucht eine Antwort auf diesen Chauvinismus, Relativismus, Genderismus.

Vorwort

Der eigentliche Gegensatz, der die Welt heute durchzieht, ist nicht der zwischen verschiedenen religiösen Kulturen, sondern der zwischen der radikalen Emanzipation des Menschen von Gott, von den Wurzeln des Lebens einerseits und den großen religiösen Kulturen andererseits. Wenn es zu einem Zusammenstoß der Kulturen kommt, so wird es nicht der Zusammenstoß der großen Religionen sein, die immer schon im Ringen miteinander standen und dabei immer auch gefehlt haben, aber letztlich auch einander bestehen ließen, sondern es wird der Zusammenstoß zwischen dieser radikalen Emanzipation des Menschen und den bisherigen Kulturen sein, die um Werte wussten und wissen, die aus dem Ewigen kommen und nicht zur Disposition unserer Wünsche stehen.

Josef Ratzinger
em. deutscher Papst

Mai- oder Kaiserfestspiele

Als spektakuläre Höhepunkte gesellschaftlich-kultureller Selbstdarstellung erregen die **1896** ins Leben gerufenen Wiesbadener Mai- oder Kaiserfestspiele internationale Aufmerksamkeit. Mit Mozarts Zauberflöte beginnen die ersten Festspiele. Kaiser Wilhelm II. und Königin Auguste Victoria kommen nur zur romantischen Wagner-Oper *Der fliegende Holländer*. Kaiser Wilhelm II. ist, wie ein Fürst der Barockzeit, Veranstalter, Huldigungsobjekt und ranghöchster Zuschauer der bis 1914 veranstalteten Festspiele.

Der eigentliche Mittel- und Bezugspunkt ist 1914/18 für Hessen-Nassau nicht Kassel, sondern auch Berlin, das sich vom Zentrum des Preußentums zur Hauptstadt des Reiches wandelt. Nicht Preußen, sondern das Reich. Das Reich erobert Preußen. Preußisches Erbe ist sicher die Dominanz des Militärischen, die mit der Aufrüstung zu Ende des Jahrhunderts noch zunimmt. Geist und Stil des neuen Reiches unterscheiden sich jedoch spürbar vom nüchtern-disziplinierten Staatspatriotismus Preußens. Er wird überlagert vom Erfolgsgefühl der stürmisch fortschreitenden technischen Zivilisation, vom Stolz auf die Erfolge einer imperialistischen Weltpolitik, vom wilhelminischen Flitter und Pomp. Im besonderen Maße vom wilhelminischen Glanz geprägt ist das Leben in den Modebädern im Taunusbereich, in Bad Homburg und Wiesbaden, die sich der besonderen Zuneigung der Hohenzollern erfreuen.

Nationalversammlung

Nach dem Ende des verlorenen Ersten Weltkrieges, am 6. Februar **1919** tritt die Nationalversammlung erstmals zusammen, nicht aber in dem noch immer von Unruhen heimgesuchten Berlin, sondern in dem ruhigen, noch immer den Geist Goethes und Schillers bewahrenden Weimar. Erwartungsgemäß wird der SPD-Vorsitzende Ebert zum Reichspräsidenten gewählt, Scheidemann bekommt den Auftrag, eine neue Reichsregierung zu bilden. Bei der Erfüllung seiner Aufgabe stützt er sich auf das Bündnis der drei Parteien SPD, DDP und Zentrum. Die Weimarer Koalition trägt oder toleriert künftig jede Regierung der Republik.

Unter dem Eindruck unverhohlener Drohungen aus dem Ausland beschließt die neue deutsche Volksvertretung nach zähem Ringen, die Bedingungen des Versailler Vertrages anzunehmen, da sich keinerlei Alternativen anbieten. Die Unterzeichnung des Vertrages erfolgt dann am fünften Jahrestag des Attentats von Sarajevo, der Ermordung des österreichischen Thronfolgers, im Spiegelsaal des Schlosses von Versailles.

Nachdem der Schock des Ersten Weltkrieges und seine unmittelbaren Nachwirkungen überwunden schienen, kommt es zunächst zu einer gewissen innen- und außenpolitischen und wirtschaftlichen Beruhigung in Europa, überschattet höchstens vom Sieg des Faschismus in Italien. Der wirtschaftlichen Scheinblüte setzt dann die Weltwirtschaftskrise 1929 ein jähes Ende.

»Drittes Reich«

Die Ernennung Hitlers zum Reichskanzler am 30. Januar **1933** verdient nicht die Bezeichnung einer revolutionären Machtergreifung. Trotz aller Zweifel an der Legalität dieses gewissenlosen Intrigenspiels fügt sich die Betrauung Hitlers mit der Kanzlerschaft in die Abfolge der Regierungsbildungen während der Endphase der Weimarer Republik ein. Zunächst ist der hessische Raum von den Berliner Ereignissen nur mittelbar betroffen. Die Reichstagswahl vom 5. März **1933** bringt der Koalitionsregierung Hitlers eine knappe Mehrheit, der NSDAP aber nicht den erhofften Sieg. Dennoch führen sich die Nationalsozialisten vielfach als die unumschränkten Herren des Landes auf.

Zu den Kräften des Widerstands gehören inzwischen auch die christlichen Kirchen. Einen konkreten Erfolg erzielt der kirchlich Widerstand in der Frage der sogenannten Euthanasie, der Vernichtung angeblich lebensunwerten Lebens. In der Heil- und Pflegeanstalt Hadamar bei Limburg ist für diesen Massenmord eine zentrale Vernichtungsstelle eingerichtet worden. Der Protest des Bischofs von Limburg, Antonius Hilfrich, »gegen die systematische Ermordung der Geisteskranken« hat im Zusammenhang mit der gleichlautenden Denkschrift der Fuldaer Bischofskonferenz dazu beigetragen, dass das Regime von diesem Vorhaben ablässt. Das dunkelste Kapitel während des »Dritten Reiches« aber ist die Tatsache, dass die Verfolgung der alteingesessenen jüdischen Bevölkerung, ihre Entrechtung und Deportation ohne Beispiel ist.

Ende März 1945 nähert sich das Ende des Zweiten Weltkrieges. Die Panzer der 3. US-Armee unter General Patten stehen bei Oppenheim am Rhein. In der Nacht ziehen Infanteriespitzen mit Landungsbooten über der Strom. Unter dem Schutz von Artillerie und Jagdbombern bilden sie einen Brückenkopf. Zurück bleiben versprengte deutsche Truppenteile und das letzte Aufgebot des »Volkssturms«, ältere Männer und halbwüchsige Kinder. Zu den letzten Kriegstagen gehören auch die Mordtaten von SS und Parteifanatikern. Am 8. Mai 1945 wird der Waffenstillstand unterzeichnet.

»Drittes Reich«

Die Ursachen für das Ungeheuerliche, das in Deutschland zwischen 1933 und 1945 geschieht, sind vielfältig. Das beherrschende Phänomen zwischen den Weltkriegen ist die Entstehung und Etablierung von Faschismus und Nationalsozialismus, ist die Schwäche der parlamentarisch-demokratischen Systeme, zumindest bis zum Ausbruch des Zweiten Weltkrieges. Die tieferen Ursachen liegen weit zurück, zum Teil in der Französischen Revolution und den ökonomischen, sozialen und politischen Veränderungen des 19. Jahrhunderts.

Atombombenbau

Um die politische Wirklichkeit der Bundesrepublik begreifen zu können, bedarf es der Zergliederung ihrer geschichtlichen Tatbestände. Diese sind vor allem die Beinahe-Inbesitznahme Deutschlands nach dem Zusammenbruch der nationalsozialistischen Bewegung, die Wiederherstellung einer kapitalistischen Gesellschaftsordnung und die Entstehung eines bürgerlich-parlamentarischen Staates.

Die kommunistische Weltrevolution verliert an Bedeutung und entwickelt sich zu einem Instrument zur Verhinderung militärischer Aktionen gegen die UDSSR. Der Abwurf von zwei Atombomben im August **1945** wird als Signal dafür betrachtet, dass die Zeit der Zugeständnisse der USA gegenüber der UDSSR beendet ist.

Auf dem Höhepunkt der Moskauer Außenministerkonferenz im März / April 1947, die noch einmal die Streitpunkte bezüglich Deutschland klären soll, platzt die Bombe der Truman-Doktrin, die allen freien Völkern amerikanische Unterstützung gegen den Kommunismus zusichert. Den endgültigen Schritt zur Teilung Deutschlands durch Errichtung eines separaten westdeutschen Staates vollziehen die Westmächte mit der Einberufung der Londoner Sechs-Mächte-Konferenz im Februar 1948. Diese erstrebt den wirtschaftlichen Wiederaufbau Westeuropas einschließlich Deutschlands in der Gemeinschaft der freien Völker.

Parlamentarischer Staat

Die Bundesrepublik Deutschland ist ein parlamentarischer Parteienstaat mit einer Repräsentativverfassung und Gewaltenteilung. Die wichtigsten Organe des Staates sind der Bundestag und Bundesrat. Bei den ersten Wahlen am 14. August 1949 setzt sich zunächst ein Mehrparteiensystem durch und am 12. September bildet Konrad Adenauer als Bundeskanzler mit mehreren Parteien zusammen die erste souveräne deutsche Regierung nach dem Zweiten Weltkrieg.

Nach dem Wahlsieg der CDU/CSU im September 1953 einigen sich die Besatzungsmächte auf eine Verhandlung der »deutschen Frage« in einer Außenministerkonferenz nach einem Notenwechsel zwischen den Westmächten und der Sowjetunion. Bis Mai 1955 sind die endgültigen Entscheidungen über eine Teilung Deutschlands gefallen. Adenauer erklärt nach Inkrafttreten der Pariser Verträge, dass die Bundesrepublik Deutschland ein unabhängiger und freier Staat ist. Ebenfalls in der Adenauer-Ära wird die Eingliederung des Ostteils Deutschlands in das östliche Bündnis- und Regierungssystem vollzogen.

Als Georg August Zinn 1950 zum Ministerpräsidenten gewählt wird, ist die SPD stärkste Kraft in Hessen. Bundesweit ist die Sozialdemokratie mit ihrer Ablehnung von Marktwirtschaft und Westbindung scheinbar ewige Opposition. In Gestalt des Fuldaer Oberbürgermeisters Alfred Dregger ist ihr jedoch ein Gegner erwachsen, der sie bald das Fürchten lehren soll.

Koalitionen

Die Bundestagswahlen vom 29. September 1969 ermöglichen die Bildung einer Koalition zwischen SPD und FDP (**1969–1972**). Damit sind die innenpolitischen Voraussetzungen für eine veränderte Ostpolitik geschaffen. Die Bundesregierung erklärt sich bereit, Realitäten zu erkennen und zu respektieren. Der Warschauer Vertrag zwischen der Bundesrepublik Deutschland und Polen über die Grundlagen der Normalisierung stellt fest, dass die Oder-Neiße-Grenze die westliche polnische Staatsgrenze bildet.

Bei der Bundestagswahl Ende 1976 erringt die sozialliberale Koalition noch einen knappen Sieg, obgleich die CDU / CSU stärkste Fraktion wird. Nach einem konstruktiven Misstrauensvotum wird im Oktober 1982 Helmut Kohl zum Bundeskanzler gewählt, unter Mithilfe der FDP.

Am 16. Oktober 1985 vereinbaren SPD und Grüne in Hessen formell eine Koalition. Es ist die erste rot-grüne Koalition auf Bundesländerebene, nachdem die Grünen die Tolerierung des SPD-Minderheitskabinetts von Ministerpräsident Börner im Dezember 1984 nach einem Streit über die Atompolitik aufgekündigt haben.

Am 20. Januar 1991 verliert in Hessen die seit 1987 regierende CDU / FDP Koalition ihre Mehrheit an die verbündete Opposition von SPD und Grünen. Am 9. November 1989 findet die Öffnung der deutsch-deutschen Grenze statt.

Heiliges Jahr

Nach 1291 brauchen die Menschen ein neues Ziel für ihre Pilgerreisen und finden es in den Gräbern der Apostelfürsten Petrus und Paulus in Rom. So beginnt die Geschichte von inzwischen 25 regulären und etlichen außerordentlichen Heiligen Jahren.

Für das Jahr **1975** hat man Änderungen getroffen. Man konnte es in jedem Bistum in einer dazu bestimmten Kirche schon ein Jahr im Voraus begehen, während die Menschen sich später von allen Seiten auf den Weg nach Rom begeben. Der Akzent liegt dabei auf der Innerlichkeit: »Wir müssen die Menschen von innen her erneuern«, sagt Papst Paul VI. Das ist es, was das Evangelium »Umkehr, Metanoia (Umdenken)« nennt.

Das Konzil hat das Bild verändert, in dem die Kirche sich selbst sieht. Es spricht sich für den Dialog mit der geistigen Welt von heute aus, heißt Religionsfreiheit und Ökumenismus gut und ruft neue Beziehungen zum Judentum ins Leben.

Papst Paul VI. hat mit dem Konzil ein schweres Erbe. Er hat es zwar nicht einberufen, aber er muss versuchen, einen möglichst weiten Konsens zu erreichen, bevor er es schließt. Im Gegensatz dazu ist es für Johannes XXIII. leichter. Er hat das Konzil einberufen, stirbt aber, bevor er es mit den Folgeproblemen zu tun hat.

Heiliges Jahr

Heiliges Jahr

Kölner Erklärung

Auf Papst Johannes Paul II. (**1920–2005**) wird am 13. Mai 1981 ein Attentat verübt, das ihn fast das Leben kostet. Nach Einschätzung des Chefredakteurs der Katholischen Nachrichten-Agentur ist Johannes Paul II. der politisch bedeutungsvollste Papst des 20. Jahrhunderts. Kein anderes Pontifikat ist so reich an wirksamer politischer Einflussnahme wie dessen fast 27-jährige Amtszeit.

Grundlage dieses innovativen Handelns ist ein Menschenbild gewesen, nach dem Gott in der Geschichte durch die Menschen wirkt und weiter Heilsgeschichte schreibt. Dabei hat der polnische Papst sich keineswegs nur heilsgeschichtlich-mystisch geäußert, sondern schon konkrete Worte gefunden. Er hat Menschenrechtsverletzungen, Ausbeutung oder das Fehlen eines Gottesbezugs in staatlichen Verfassungen angeprangert.

Sein Grundanliegen ist nicht reaktionär gewesen, etwa die Errichtung einer Gottesherrschaft, sondern die Öffnung jeder Gesellschaft für das Wirken Gottes. Am 26. Januar **1989** verfassen Theologen eine »Kölner Erklärung«.

Im Auftrag des Ständigen Rates der Deutschen Bischofskonferenz erklärt der Vorsitzende der Deutschen Bischofskonferenz Karl Lehmann zu der »Kölner Erklärung« der Theologieprofessorinnen und Theologieprofessoren:

Die am 25. Januar 1989 bekanntgewordene »Kölner Erklärung katholischer Theologieprofessorinnen und Theologieprofessoren vom Dreikönigsfest ›Wider die Entmündigung – für eine offene Katholizität‹« greift eine Diskussion der letzten Monate auf, die in der Öffentlichkeit zu einer tiefen Verunsicherung beigetragen hat.

Kölner Erklärung

Kritik an der Kirche und an ihren Erscheinungsformen hat es zu allen Zeiten gegeben; dies wird auch künftig so sein. Es kommt darauf an, in welchem Geist und mit welchen Mitteln Widerspruch angemeldet wird.

Die »Erklärung« greift viele schwierige Themen auf, wird jedoch der Sachlage durch die pauschale Darstellung nicht gerecht. So werden zum Beispiel im Blick auf Bischofsernennungen in sehr allgemeiner Form Mitwirkungsrechte der Ortskirchen vorausgesetzt, die es in dieser Form entweder überhaupt nicht oder längst nicht überall gibt. Im Blick auf die Wahl des Erzbischofs von Köln werden Behauptungen aufgestellt, die einer sorgfältigen Überprüfung nicht standhalten. Vor diesem Hintergrund werden Papst Johannes Paul II. zahlreiche willkürliche Verhaltensweisen unterstellt, die sich in der »Erklärung« steigern, zum Beispiel »schleichende Strukturveränderung«, »fortschreitende Entmündigung der Teilkirchen«, »Verweigerung der theologischen Argumentation«, »Zurücksetzung der Laien in der Kirche« und so weiter.

Es ist immer problematisch, ausgehend von einzelnen Vorgängen, eine verallgemeinernde Lagebeschreibung vorzunehmen. Dies wird noch fragwürdiger, wenn ungenaue Aussagen und entsprechende sprachliche Mittel, Schlagworte und vorschnelle Wertungen verwendet werden. Theologen, die sich in derselben »Erklärung« so oft auf wissenschaftliche Kriterien und Normen berufen, sollten dazu beitragen, schwierige Sachverhalte einer größeren Öffentlichkeit sorgfältig zu erklären, anstatt Pauschalurteile zu fördern. Die deutschen Bischöfe weisen die zahlreichen Unterstellungen gegen Papst Johannes Paul II. entschieden zurück.

Die »Erklärung« belastet das Gespräch über die behandelten Themen, wenn sie das verantwortliche kirchliche Amt weitgehend mit den Kategorien von Herrschaftsausübung, Gebrauch und Missbrauch von Macht, Instrument zur Disziplinierung und so weiter beschreibt. Entsprechend ist die der »Erklärung« zugrunde liegende Verhältnisbestimmung von Theologie und

Kölner Erklärung

kirchlichem Amt bereits im Ansatz unzureichend, weil sie eine Form von Eigenständigkeit der Theologie nahelegt, die eine ausgewogene und wirklich dienende Zuordnung zur Kirche und ihrem Amt nicht mehr klar erkennen lässt. So kommt es im Ganzen der »Erklärung« auch immer wieder zu ausschließlich erscheinenden Gegensätzen wie »Amt und Freiheit«, »Gehorsam und Verantwortung«.

Es ist legitim, auch in der Kirche schwierige und strittige Fragen offen anzusprechen. Es ist jedoch nicht hilfreich, wenn dies in einseitig anklagender, Schuld zuweisender, Sachfragen verkürzender und plakativer Art einer öffentlichen „Erklärung" geschieht. Die deutschen Bischöfe bitten alle Lehrer der Theologie, die eingetretenen Beunruhigungen und alle Streitfragen in einem sorgfältigen, nach allen Seiten fairen und differenzierenden Dialog klären zu helfen.

Kölner Erklärung

STAATSSEKRETARIAT

AUS DEM VATIKAN, 21.Febr. 1989

Sehr geehrter Herr Hess!

Das Staatssekretariat bestätigt Ihr wertes Schreiben und teilt freundlich mit, daß der Heilige Vater für dieses aufrichtige Zeichen von Vertrauen in seine Person und in sein Amt herzlich dankt.

Papst Johannes Paul schließt gern Ihre Sorgen und Anliegen in sein eigenes Beten ein und empfiehlt sich auch seinerseits der gläubigen Fürbitte für die wichtigen Aufgaben seines Dienstes.

(Mons. C. Sepe, Assessor)

Kölner Erklärung

Weltjugendtag Köln

In dieser historischen Situation wird ein Mann Papst, den die Bevölkerungsmehrheit in Deutschland, aber nicht in anderen Ländern, als einen rückwärtsgewandten Großinquisitor zu kennen glaubt. Doch als der 78-jährige Josef Ratzinger als Benedikt XVI. **2005** zum Weltjugendtag nach Köln kommt, jubeln ihm eine Million Jugendliche zu. Benedikts »Regierungserklärung« ist der Kampf gegen den Relativismus und sein Versuch, einer sich aufgeklärt dünkenden Welt vor Augen zu halten, dass der Glaube an den christlichen Schöpfergott in keinem Widerspruch zur Vernunft steht. »Wer eine Welt bloß aus Zufall und Anpassung postuliert, fällt hinter die Aufklärung in einen pseudowissenschaftlichen Aberglauben zurück. Wo vorher die scheinbar unfehlbare wissenschaftliche Wahrheit des Historischen Materialismus angebetet wurde, steht jetzt der Relativismus auf der Agenda.«

Weltjugendtag Köln

STAATSSEKRETARIAT

ERSTE SEKTION
ALLGEMEINE ANGELEGENHEITEN

Aus dem Vatikan, am 12. April 2006

Sehr geehrter Herr Hess!

Gerne bestätige ich Ihnen den Empfang Ihrer Postsendung vom März dieses Jahres, mit dem Sie dem Heiligen Vater über die Apostolische Nuntiatur in Berlin ein von Ihnen verfaßtes Buch mit dem Titel „Kirche Gottes, wohin?" zugesandt haben.

In hohem Auftrag danke ich Ihnen für diese aufmerksame Gabe, mit der Sie Ihre Verbundenheit mit dem Nachfolger Petri zum Ausdruck bringen wollten.

Papst Benedikt XVI. schließt Sie in sein Beten ein und erbittet Ihnen von Herzen Gottes beständigen Schutz und seinen reichen Segen.

Mit besten Wünschen und frohen Ostergrüßen

Msgr. Gabriel CACCIA
Assessor

Herrn
Felix Hess
Alsdorfer Str. 4
D – 65520 BAD CAMBERG

Wurzeln

Als Josef Ratzinger am 13. März 2004 im Kapitelsaal des italienischen Senats seinen Vortrag »Europa in der Krise der Kulturen« hält, hat einen Tag zuvor der Senatspräsident an der Päpstlichen Lateranuniversität zum Thema »Der Relativismus, das Christentum und der Westen« gesprochen. In der Grundsubstanz stimmen der Papst und der Senatspräsident überein.

Denn der eigentliche Gegensatz, der die Welt heute durchzieht, ist nicht der zwischen verschiedenen Kulturen, sondern der zwischen der radikalen Emanzipation des Menschen von Gott, von den Wurzeln des Lebens einerseits und den großen religiösen Kulturen andererseits.

Was ist es, was die Welt zusammenhält? Schafft die Materie die Vernunft, der Zufall den Sinn, oder gehen der Geist, die Vernunft voraus, sodass Vernunft und Freiheit, das Gute zu den Bauprinzipien der Wirklichkeit gehören. Wer sich einen solchen Brückenschlag zwischen Kirche und Welt auch in Deutschland wünscht, muss bislang vom Prinzip Hoffnung leben.

Gefahren

»Wir leben in einer Stunde großer Gefahren und großer Möglichkeiten für den Menschen und die Welt«, sagt Josef Ratzinger. Die Ungleichheit in der Verteilung der Güter der Erde, wachsende Armut, der Verbrauch der Erde und ihrer Güter, Hunger, Krankheiten, die ganze Völker bedrohen, der Zusammenstoß der Kulturen.

Die moralische Kraft ist mit dem Fortschritt der Wissenschaft nicht mitgewachsen, eher hat sie abgenommen. Es ist vor allem Forderung an die anderen und viel zu wenig persönliche Verpflichtung ins Eigene des persönlichen Alltags hinein. Das Christentum ist zwar nicht von Europa ausgegangen, aber es hat in Europa seine geschichtswirksamste kulturelle und intellektuelle Ausprägung gefunden.

So hat in Europa einerseits das Christentum seine wirksamste Gestaltwerdung erlebt, aber zugleich ist eine Kultur gewachsen, die den radikalsten Widerspruch nicht nur gegen das Christentum, sondern gegen die religiösen und moralischen Traditionen der Menschheit überhaupt darstellt.

Grundlagen

Wenn gesagt wird, die Nennung der christlichen Wurzeln Europas verletze die Gefühle der vielen Nichtchristen, so überzeugt das nicht. Die Muslime, auf die man gerne verweist, fühlen sich nicht durch unsere christlich-moralischen Grundlagen beleidigt, sondern durch den Zynismus einer säkularisierten Kultur, die ihre eigenen Grundlagen verleugnet. Und auch unsere jüdischen Mitbürger werden durch den Verweis auf die christlichen Werte Europas nicht beleidigt.

Das Christentum hat sich von Anfang an als vernunftgemäße Religion verstanden. Es hat als Religion der Verfolgten und als gemeinsame Religion über die verschiedenen Staaten und Völker hinweg dem Staat das Recht abgesprochen, Religion als Teil der Staatsordnung festzulegen, und es hat deshalb die Freiheit des Glaubens verlangt.

Die innere Korrespondenz von Christentum und Aufklärung hat das Zweite Vaticanum in der Konstitution über die Kirche in der Welt von heute nur zur Geltung gebracht und dabei um eine wirkliche Versöhnung zwischen Kirche und Moderne gerungen, das beiden Seiten weiterhin aufgegeben bleibt.

Prinzipien

Der italienische Staatspräsident, ein bekennender Atheist, schreibt an Josef Ratzinger: »Können die Gemeinschaft der europäischen Christen und die Kirche dazu beitragen, mehr zu leisten?« Ich werde antworten: »Ja, sie können.« Denn die katholische Kirche beziehungsweise die Kirchen der einzelnen Völker waren in der Geschichte Träger jener Prinzipien, aus denen Europa als kulturelle und zivilisatorische Einheit entstand und sich in der Welt durchsetzte.

Welche Rolle werden die Laizisten (Beseitiger kirchlicher Einflüsse) in dieser Angelegenheit spielen? Hinter der kampagneartigen Kirchenkritik steht der Kampf gegen das Christentum. Sie wissen, wenn ein Schlammspritzer auf die weiße Soutane des Papstes gerät, wird die ganze Kirche beschmutzt. Die Zerstörung der Religion hatte schon einmal die Zerstörung der Vernunft zur Folge.

Nach der Niederwerfung des Christentums wird der Multikulturalismus übrig bleiben, der meint, jede Gruppe habe das Recht auf ihre eigene Kultur. Es bliebe der Relativismus, der denkt, eine Kultur sei so gut wie eine andere.

Präsenz

Josef Ratzinger betont in seinem Antwortschreiben: »Meinen Dank, Herr Präsident für das Referat über den Relativismus, der das Grundproblem der westlichen Welt mit all seinen Konsequenzen analysiert.« Ich möchte weiterführend deshalb feststellen, die Katholiken erkannten den positiven Charakter der religiös motivierten Trennung von Staat und Kirche und die Bedeutung der religiösen Freiheit, die damit gewährleistet war.

Warum stehen sich in den katholischen Ländern Katholiken und Laizisten weithin feindlich gegenüber, warum gibt es in der vielgestaltigen Landschaft der Laizisten eine starke Fraktion, die dem christlichen Glauben und seinen Wertvorstellungen das Recht auf öffentliche Präsenz entschieden abspricht? Den gläubigen Christen, den Hirten der Kirche vor allem, beschäftigt notwendigerweise die Frage, warum eigentlich der christliche Glaube mit seiner großen Botschaft heute die Menschen in Europa weithin kaum erreicht.

Reflexion

Heute ist es von höchster Dringlichkeit, ein christliches Lebensmodell zu zeigen, das eine lebbare Alternative zu den immer leerer werdenden Vergnügungen der Freizeitgesellschaft bietet, die immer mehr zur Droge Zuflucht nehmen muss, weil sie die Dürftigkeit der gewohnten Freuden satthat.

Die Naturwissenschaft und das von ihr geschaffene moderne Weltbild scheinen die Grundvision des christlichen Glaubens von der Wirklichkeit auszuschließen und ins Mythische zu verweisen.

Die Political Correctness will die Herrschaft einer allgemeingültigen Weise des Denkens und des Sprechens aufrichten. Nur so darf man noch denken und reden, wenn man auf der Höhe der Gegenwart sein will. Während man das Stehen zu den überlieferten Werten und den sie tragenden Erkenntnissen als intolerant brandmarkt, wird der relativistische Standard zur Pflicht erhoben. Der Katholik darf sich nicht auf dem Weg über die Gesetzgebung Wertordnungen auferlegen, die allein im Glauben zu erkennen und zu vollziehen sind.

Ideologie

Ein Wort, das kaum jemand kennt, obwohl »Gender-Mainstreaming« zum Leitprinzip der Politik geworden ist. »Gender« ist ein englisches Wort und bedeutet »Geschlecht«. Gemeint ist nicht das biologische Geschlecht, sondern das soziale Geschlecht, das nicht naturgegeben sei, sondern von menschlicher Gewohnheit festgelegt werde. Dieser Begriff unterstellt, dass jede sexuelle Orientierung gleichwertig ist und von der Gesellschaft akzeptiert werden muss. Gender-Ideologen sind davon überzeugt, dass es keine grundlegenden Unterschiede zwischen Mann und Frau gäbe. Damit stellen sie Naturgesetze in Frage, die seit Menschengedenken Gültigkeit haben, wonach die beiden biologischen Geschlechter aufeinander bezogen und zudem in der Lage sind, durch die Zeugung von Kindern das Leben weiterzugeben.

Die Gender-Ideologie hat sich von der EU über die staatlichen Institutionen, die Universitäten und Ausbildungseinrichtungen eingeschlichen. Manche Forderungen der Genderisten nehmen absurde Züge an, sie verlangen, dass jeder Mensch sein Geschlecht selbst auswählen solle. Auf dem Weltjugendtag in Köln sagt Benedikt XVI. dazu: »Das macht den Menschen nicht frei, sondern entehrt ihn und versklavt ihn.«

Mainstreaming

Es ist ein Kernpunkt der Political Correctness, sich diese Ideologie zu eigen zu machen oder zumindest ihrer Durchsetzung durch Schweigen Vorschub zu leisten. Die Anhänger sind im Begriff, die Meinungsfreiheit zu untergraben, Andersdenkende auszuschalten und ihre Agenda durchzusetzen. Die Einflussmöglichkeiten von Christen in der Gesellschaft werden immer mehr beschnitten. Die Weitergabe christlicher Werte an die nächste Generation ist gefährdet, weil Staat und Medien die Erziehungsaufgabe der Eltern aushöhlen. Das eigentliche Übel ist der Kampf gegen das Christentum, denn Christen glauben daran, dass Gott den Menschen als sein Abbild, als Mann und Frau geschaffen und befähigt hat.

Unter dem Schlagwort »Gender-Mainstreaming« (das Bemühen, Gender-Denken in der breiten Masse der Gesellschaft zu verankern) haben die Ideen des Genderismus in allen Bereichen des Lebens sich verbreitet. Diese Ideologie möchte die völlige Auswechselbarkeit von Mann und Frau in allen Lebensbereichen erreichen. Geschlechterbezogene Rollenbilder sollen sich auflösen, da es keine spezifisch männlichen oder weiblichen Fähigkeiten gäbe. Beide Geschlechter könnten vielmehr die Aufgaben gleich gut erfüllen, seien also vollkommen austauschbar.

Forderungen

Ziel ist, in der Öffentlichkeit und im Privatleben, die Ordnung der Pluralität, nicht ein bestimmtes Glaubensbekenntnis. Mit der Begründung, dass es von vornherein kein objektives Geschlecht des Menschen gäbe, sondern nur kulturell bedingte Geschlechterrollen, verlangen diese Gender-Ideologen, dass jeder Mensch sein Geschlecht selbst auswählen solle. Es sei nur gerecht, wenn der Einzelne selber bestimme, ob er Mann oder Frau oder auch beides zugleich sein wolle.

Weil das Wort Wirklichkeit schafft, gehen gesellschaftliche Veränderungen immer mit Veränderung der Sprache einher. Die Worte, die der christlichen Kultur jahrhundertelang zur Unterscheidung zwischen Gut und Böse dienten, sind anrüchig geworden und können im öffentlichen Diskurs nicht mehr verwendet werden. Wer es tut, wird lächerlich gemacht und zum Schweigen gebracht.

Die Sprache verrät das eigentliche Ziel. Die Gender-Ideologen wollen das biologische Geschlecht abschaffen, die Zweigeschlechtlichkeit von Mann und Frau aufheben und stattdessen einer Vielfalt von Geschlechtern das Wort erteilen. Sie wollen die Ehe von Mann und Frau als eine von vielen anderen Möglichkeiten hinstellen, als eine aus sozialen Gebilden, losgelöst von der biologischen Abstammung.

Zeitzeichen

Jeder sieht, dass unsere Kultur in einer tiefen Krise steckt. Kaum einer, dessen Leben von dieser Krise unberührt wäre. Familienzusammenbruch, Arbeitslosigkeit, wachsende Kriminalität, Terrorismus. Alle Instanzen, die Werte vermitteln wollen, Eltern, Pfarrer, Lehrer, müssen einen oft vergeblichen Kampf gegen den Einfluss der Medien führen.

Es gibt natürlich intakte Familien, es gibt Millionen Menschen, die gut sein wollen und Gutes tun. Die Naturwissenschaften ziehen aus ihren Forschungsergebnissen eine Schlussfolgerung, die sich mit dem christlichen Menschenbild deckt: Mann und Frau ergänzen einander. Aus diesem gemeinsamen Privileg ergeben sich mehrere Konsequenzen. Mann und Frau besitzen die gleiche personale Würde und sind daher gleichwertig und einander ebenbürtig. Weil Mann und Frau beide Gott als gemeinsamen Ursprung haben, sind sie aber trotz ihrer Verschiedenheit eine Einheit.

Die Betrachtung der menschlichen Geschlechtlichkeit als soziale Rolle, die jeder frei wählen solle, entspringt letztlich einer atheistischen Sichtweise des Menschen. Sie blendet den Schöpfer aus, der jedem Menschen sein (weibliches oder männliches) Geschlecht zuteilt, damit dieser es als Gabe und Aufgabe empfange. Dies stellt eine bekannte christliche Soziologin **2007** fest.

Seins-Revolution

Der Gründer Schönstatts, Pater Kentenich sagte einmal vor führenden Frauen: »Wenn ich den Gedanken hineinsetzen will in die heutige Situation der ganzen Frauenwelt, dann freuen wir uns zum Teil über all das, was durch die Frauenemanzipation im Lauf der letzten Jahrzehnte Wirklichkeit geworden ist.« Aber wir verstehen auch, wenn ich gleich beifüge, die Emanzipation, wie sie jetzt am Werden, am Gären ist, wie sie sich zuspitzt, wirft die Seinsordnung um.

Sie ringt darum, die Frau gleichzusetzen oder gleichzumachen dem Mann. Sie ahnen, wenn so die Frau Mann wird, dann ist morgen die Gefahr da, dass der Mann Frau wird. Es ist wahr, wir müssen dankbar sein, dass die Frauenemanzipation viele, viele Irrtümer, viel Ungerechtigkeit, viele Versklavungen des Frauengeschlechtes überwunden hat. Aber das Ziel kann nicht sein, Mann und Frau auf dieselbe Stufe zu stellen, Mann und Frau seinsgemäß einander anzugleichen. Und eine Seins-Revolution bedeutet schlechthin eine Art Untergang für die menschliche Gesellschaft.

Eine Kirche, die sich verweltlicht und ihre Grundlagen verlässt, hat keine Zukunft. Wenn eine Kirche den traditionellen Sittenkodex der alten bürgerlichen Gesellschaft negiert, bleibt sie unglaubwürdig.

Sexualität

In unserer Gesellschaft wird Sexualität als Spaß gehandelt, seit sie durch die Pille von der Fortpflanzung entkoppelt werden konnte. Die junge Generation von heute muss wissen, die moralische Welt, in der sie lebt, wurde erst vor Kurzem erfunden, nämlich von der 68er-Generation, die dann nach einem langen Marsch durch die Institutionen schließlich die meisten Positionen in Staat, Medien, Gerichtsbarkeit und dem Erziehungswesen besetzte.

Im Gegensatz dazu schreibt Johannes Paul II. in seinem Brief an die Frauen: »Liebe heißt, dass Mann und Frau sich einander ganz schenken und ganz annehmen. Sie begegnen sich ebenbürtig und ergänzen sich in ihrer wesenhaften Verschiedenartigkeit. Nur dank der Dualität von männlich und weiblich verwirklicht sich das Menschliche voll.«

Eine Gesellschaft, die aufhört, Gott als Schöpfer anzubeten, betet die menschliche Schöpferkraft an und macht sie zu einem falschen Gott. Die größte seelische Not unserer Zeit sind die zerbrochenen Familien und das Beziehungschaos. Dem können wir nicht ausweichen, wenn wir möchten, dass wir und unsere Kinder in einer christlichen Kultur leben wollen.

Krise

Das Wort Krise hat seine Definition: Zustand akuter Schwierigkeiten oder allgemein schwierige Situation. Eine Gesellschaft kann nicht nur in eine ökonomische Krise geraten, sondern auch in eine kulturelle, geistige oder sogar in eine religiöse Krise. Wenn wir diese ganze Wirklichkeit wahrnehmen, kommen wir zur Schlussfolgerung, dass die Lage der Gesellschaft mit dem Ausdruck »Krise des Menschen« auch objektiv passend benannt ist.

Das humane, ethische und geistige Defizit unserer scheinheiligen Zivilisation hat sich gefährlich vergrößert. Die Folgen der mangelhaften Beteiligung der Bürger an ihren grundlegenden gesellschaftlichen Entscheidungen sind gravierend.

Eine Chance für eine Änderung könnte sich ergeben, wenn Christen, gemeinsam mit den Gläubigen brüderlicher Religionen, mitgestalten würden, vielleicht nach dem für die Natur des Christen passenden Motto des deutschen Kardinals von Galen: »Wir sind nicht nur Hammer, sondern Amboss. Was auf dem Amboss geschmiedet wird, behält seine Form nicht nur von dem Hammer, sondern auch vom Amboss.«

Ausweg

Die Menschen können sich ihren Zukunftsvorstellungen nur dann annähern, wenn sie die Gesetzlichkeiten der biologischen Struktur der Menschengemeinschaft aus Nationen, Gruppen und Individuen, aber hauptsächlich der Führungsfähigen respektieren und nutzen. Bei dem Begriff »Werte« sollte auf Folgendes aufmerksam gemacht werden: Dieser Begriff wird in feierlichen Reden gerne benutzt. Von den Menschen wird ein Hinweis auf Werte wie Freiheit, Gerechtigkeit, Gleichheit und andere gerne gehört. Aber im Laufe der Zeit werden diese Begriffe inflationär, weil darauf in der Praxis oft keine Taten folgen.

Zuverlässig kann sich der Mensch einer heilen Zukunft nur annähern, wenn er sich an die höchste Autorität des Universums – Gott – hält und die aus den Weltreligionen stammende Werteordnung achtet. Ein Beispiel ist das Christentum. Es hat vielleicht die größte geistige Revolution in die Welt gebracht, die den Respekt für den Menschen errungen hat. Dass manche Repräsentanten irgendwann fehlerhaft waren, ist kein Grund dafür, die Werteträgerschaft der Religion zu bestreiten.

Beachten wir auch, wie hoffnungsvoll jedesmal die christliche Botschaft der Menschenachtung bei den Pilgerreisen des Papstes Johannes Paul II. durch verschiedene Weltteile war. Und wie die wachsende Begeisterung bei den öffentlichen Botschaften seines Nachfolgers Benedikt XVI. wirkte.

Gottes Lob

Am 15. September 1939 wird in Berlin Johannes Felix Nikolaus Dyba als drittes von vier Kindern des Studienrates Felix Dyba und seiner Ehefrau Johanna, geborene Brüll, geboren. Er hat die Absicht, die juristische Laufbahn einzuschlagen. Doch taucht während der Vorbereitungszeit auf das erste Staatsexamen der Gedanke an das Priestertum immer häufiger auf. Ohne Beeinflussung durch irgendeinen äußeren Anlass kommt er zu der Überzeugung, dass eine weltliche Laufbahn, wie sie auch immer ausfallen sollte, ihn nie ganz ausfüllen oder befriedigen wird.

Es ist der spätere Erzbischof von Fulda Johannes Dyba, der am Bonifatiusfest 2000 sagt: »Heute am Bonifatiusfest 2000 wollen wir im christlichen Herzen Deutschlands, am Grab des Heiligen Bonifatius, unseren Glauben erneuern, unsere Treue bekennen und auf die Fürsprache des Apostels der Deutschen den Segen des Allerhöchsten empfangen.«

Er sagt weiter: »In all den Jahren hat sich der christliche Glaube aus dem kleinen Samenkorn zu dem gewaltigen Baum entwickelt, den Jesus von Nazareth den Seinen vorausgesagt hat. Der Glaube an den menschgewordenen Sohn Gottes, der Glaube an den dreieinigen Gott, uns von Gott geoffenbart, von den Aposteln und Evangelisten bekannt und in die Welt getragen, die Jahrhunderte haben ihn nicht erschüttern können.«

Marienweihe

Am 4. September 1954 weiht der Kölner Kardinal Frings im Rahmen eines feierlichen Gottesdienstes auf dem Domplatz in Fulda Deutschland der Gottesmutter. Damals sind zum 76. Deutschen Katholikentag Menschen aus Ost und West in Fulda. »Deshalb wollen wir in diesem Jahr vor dem Gnadenbild den Jubiläumsgottesdienst feiern«, heißt es in einer Pressemitteilung. Zur Erinnerung an diesen Tag und zur Erneuerung der Marienweihe lädt die Fuldaer Arbeitsgemeinschaft marianischer Verbände und Vereinigungen zu einem festlichen Jubiläumsgottesdienst mit Erzbischof Dyba im Fuldaer Dom ein.

Die Geschichte Fuldas ist vor allem geprägt durch den heiligen Bonifatius und seine Klostergründung im Jahr 744. Aber auch die Marienverehrung und Marienverbundenheit seiner Bürger hat über Jahrhunderte das gesellschaftliche und kirchliche Leben in Fulda mitgeprägt.

Die Marienweihe eines Landes ist stets im Bund mit Maria, auch zum Schutz des Vaterlandes. Aus der Geschichte sind viele Ereignisse bekannt, die darauf schließen lassen, wie hilfreich Weihe und Bund mit Maria für die Gläubigen waren und sind.

In Nordafrika fand man Bleiplomben, die man an einer Schnur um den Hals trug. Darauf stand neben dem Namen »Diener der Gottesgebärerin«. Den Kern der Weihe trifft jene Form, in der man sich in das Eigentum Mariens übergibt, wie dies in dem bekannten Gebet »O meine Gebieterin ...« geschieht.

Frieden

Erzbischof Johannes Dyba im Bonner Münster zur Verabschiedung und Übernahme des Amtes als Militärbischof: »Wir sind heute hier zusammengekommen, um in Danksagung Erzbischof Elmar Maria Kredel als Militärbischof zu verabschieden und in einer Stunde der Besinnung Gegenwart und Zukunft der Militärseelsorge zu würdigen. Dank für alles, was Du den Soldaten vermittelt hast an Güte und Menschenfreundlichkeit Gottes. Wenn ich heute das Kreuz des Militärbischofs von Dir übernehme, dann so, wie man das als Christ tut. Kreuze sucht man sich nicht aus. Sie werden einem auferlegt und dann nimmt man sie an. So verstehe ich mein Ja zu dieser neuen Aufgabe und ich bin froh, dass an ihrem Anfang dieser Gottesdienst steht, damit klar ist, dass auch dieser Dienst vom Altar her seine eigentliche Orientierung empfängt.

In meiner Rolle als Militärbischof identifiziere ich mich voll und ganz mit den Aussagen des Zweiten Vatikanischen Konzils. Da heißt es im Konzilsdokument ›Gaudium et spes‹: ›Wer als Soldat im Dienst des Vaterlandes steht, betrachte sich als Diener der Sicherheit und Freiheit der Völker. Indem er diese Aufgabe recht erfüllt, trägt er wahrhaftig zur Festigung des Friedens bei.‹«

Erinnerungen

Samstag, 15. Januar 2005

Erinnerungen ans Kriegsende

Limburg-Weilburg. Die Kreisheimatstelle sucht persönliche Erinnerungen an das Ende des Zweiten Weltkriegs vor 60 Jahren. Viele Menschen haben damals ihre Gedanken in Tagebüchern niedergeschrieben und auch in Schul- und Pfarrchroniken wurden die dramatischen Ereignisse festgehalten. Die Kreisheimatstelle bittet diejenigen, die im Besitz persönlicher und auch offizieller Aufzeichnungen sind, diese für eine Dokumentation zu Verfügung zu stellen. Von sofort an werden sie in der Kreisheimatstelle Limburg-Weilburg, Schiede 43 in 65549 Limburg, ✆ (06431) 29 62 38 oder 29 62 42, oder per E-mail: heimatstelle@limburg-weilburg.de, entgegengenommen. (qui)

Deutsche Post AG
65520 Bad Camberg
82072104 17.01.05

3418
Labelfreimachung
　　　　　　　1 Stück x 1,44 EUR
*1,44 EUR　　　　　　　　　　　A

Bruttoumsatz　　　　　　　*1,44 EUR
mehrwertsteuerbefreit A
Nettoumsatz A　　　　　　　*1,44 EUR

Vielen Dank für Ihren Besuch.
Ihre Deutsche Post AG

Herrn
Felix Hess
Alsdorfer Straße 4
65520 Bad Camberg

Erinnerungen

Herrn
Felix Hess
Alsdorfer Straße 4
65520 Bad Camberg

Kreisausschuss Limburg-Weilburg

Kreisheimatpflegerin Dr.Marie-Luise Crone

"Eigentlich ist kaum Zeit zum Schreiben ... "

[Würges, Erinnerungen von Felix Hess]

Am Tage haben wir sehr unter den Tiefflieger-Angriffen der alliierten Luftstreitkräfte zu leiden. Nicht zuletzt deshalb, weil in Würges eine Panzerreparatur-Einheit der deutschen Wehrmacht stationiert ist. In den Scheunen der Gehöften werden Panzer von der Front repariert und an den Waldrand des Dorfes gebracht, wo sie gut getarnt in Erdnischen abgestellt werden. ... Wenige Tage vor Ostern 1945 werden wir 14 - 15 Jährige per Gestellungsbefehl aufgefordert, uns mit gepacktem Tornister an einer Sammelstelle einem Feldwebel der Wehrmacht zu stellen. Bei Verweigerung wird mit dem Standgericht gedroht. Hitler mobilisiert sein letztes Aufgebot. Am Abend rücken einige Jahrgangs-Kameraden und ich aus, in den Würgeser Wald und kampieren eine Nacht und einen Tag in einer Holzfäller Hütte, weil wir mitbekommen haben, dass die Amerikaner in 1- 2 Tagen hier eintreffen sollen. Später erfahren wir, dass viele unserer Kameraden noch weit in den Osten verbracht worden und umgekommen sind.

Wieder zuhause, sehen meine Mutter und wir Geschwister am Karfreitag morgen 1945 durch das Flurfenster, wie schwer bewaffnete amerikanische Soldaten unsern Hof bevölkern, die aber keinerlei Aktivitäten verfolgen. Aus Richtung Autobahn Köln–Limburg-Frankfurt ist das 385. US. Infanterieregiment der 3. Armee vorgedrungen und hat auch Würges besetzt. An den Vortagen war immer wieder die Parole „Panzersperren aufbauen - Panzersperren abbauen, weiße Fahnen raus - weiße Fahnen rein" an die Dorfbewohner ausgegeben worden. Die letzte deutsche Einheit, Reste des 11. Regiments der 6. SS-Gebirgsdivision hatten in der Nacht unser Gebiet kampflos geräumt. Der Krieg für unser Dorf war zu Ende.

Erinnerungen

Kreisausschuss
Limburg-Weilburg
Der Landrat

Telefon: 06431 296-200
Telefax: 06431 296-484
Schiede 43
65549 Limburg a.d.Lahn

2. März 2005

Sehr geehrte Damen und Herren,

„Eigentlich ist kaum Zeit zum Schreiben..." unter diesem Titel hat die Kreisheimatstelle unter Federführung der Kreisheimatpflegerin Dr. Marie-Luise Crone Tagebuchaufzeichnungen und Erinnerungen von Zeitzeugen an das Kriegsende 1945 im Landkreis Limburg-Weilburg zusammengestellt. Sie, verehrte Damen und Herren, haben auf unterschiedliche Weise dazu beigetragen, dass die Broschüre entstehen konnte und als ein für den Landkreis einzigartiges Dokument über die aufregenden Ereignisse rund um den Palmsonntag 1945 informieren kann.

Dafür möchte ich Ihnen bereits an dieser Stelle herzlich danken. Zugleich lade ich Sie nicht minder herzlich zur Vorstellung der Schrift für

DONNERSTAG, 17. MÄRZ 2005, 15.00 UHR,

in den Sitzungssaal des Limburger Kreishauses, Schiede 43, 1. Obergeschoss, Altbau, ein. Ich würde mich sehr freuen, Sie begrüßen zu können.

Mit freundlichen Grüßen

(Dr. Manfred Fluck)
Landrat

Schlussbemerkung

Dieses Buch bietet einen kritischen Blick, aber auch Hoffnungszeichen auf einen Zeitabschnitt menschlichen Zusammenlebens. Das Buch beansprucht keine Vollkommenheit für sich. Es ist auch nicht dem Zeitgeist geschuldet.

Ausgehend von einem überspannten Nationalgefühl um **1896** sollen die Ereignisse dem deutschen Selbstbewusstsein Ausdruck verleihen. Nach der Weimarer Republik **1918** und dem »Dritten Reich« **1933** kann sich **1949** ein parlamentarischer Staat entwickeln.

Das Heilige Jahr der Kirche **1975** mit drei Päpsten nacheinander, nach einem stattgefundenen Vatikanischen Konzil, ist im Dialog mit der Welt von heute geistiger Halt.

Bis ein deutscher Papst beim Weltjugendtag **2005** den Kampf gegen einen aufkommenden Relativismus, die Erkenntnisinfragestellung, die sich von festen Wahrheiten verabschiedet, ansagt.

Gender-Mainstreaming, die gleichwertige geschlechtliche Orientierung von Mann und Frau, die auf die Negierung des biologischen Geschlechts abzielt, lehnt eine christliche Soziologin **2007** als atheistische Sichtweise ab, weil sie den Schöpfer ausblendet.

Eine friedliche Welt dürfte trotz manchem Fehlverhalten nach heutiger Erkenntnis hauptsächlich das Christentum garantieren. Der dreieinige Gott der Kirche von Fulda, am Grab des Heiligen Bonifatius, des Apostels der Deutschen, wird auch fortan Sorge tragen.

Literaturanmerkungen

1 Die Chronik Hessens
 Ammberg Kommunikation (1991)

2 Holle Welt- und Kulturgeschichte
 Zeitalter des Imperialismus (1987)

3 Die Geschichte Hessens
 Uwe Schultz (1983)

4 Mitteilungen
 Privatarchiv Hess (2005)

5 Holle Welt- und Kulturgeschichte
 Zeitalter der Entkolonisierung (1987)

6 Alle Jubeljahre
 Herder-Verlag (1999)

7 Ohne Wurzeln
 Sankt-Ulrich-Verlag (2005)

8 Die Gender Revolution
 fa-medien (2007)

9 Glaubens-Kompass
 Kirchliches Hilfswerk (2014)

10 Unverschämt katholisch
 Franz Schmitt Verlag (2002)

11 Die Krise der Menschheit
 Oskar Uskert (2009)

Buchveröffentlichungen von Felix Hess

Heimatbroschüre
Würges im Taunus – Kleine Dorfgeschichte
Bad Camberg (1985)

Kirche Gottes, wohin? Aphorismen eines Laien.
Augsburg (2004)
ISBN 978-3-934225-37-3

Familienbuch: Familiengeschichte (1900–2000)
D-Neustadt (2013)

Glaube und (oder) Naturwissenschaft (?)
Norderstedt (2014)
ISBN 378-3-7357-8401-8

Über den Verfasser

Felix Hess, verheiratet, drei erwachsene Kinder,
Studium der Innenarchitektur an der Werkkunstschule (Fachhochschule) Wiesbaden.
Tätigkeit: Handwerk, Behörde, Industrie.
(Zeitzeuge)

Dem Verfasser des Buches kam es nicht so sehr darauf an, die chronistischen als vielmehr die Gesamtzusammenhänge aufzuzeigen.